BOEKANALYSE

AF137663

De elegantie van de egel

· · · · · · · · · · · · · · · · ·

Muriel Barbery

BOEKANALYSE

Geschreven door Isabelle Defossa
Vertaald door Nikki Claes

De elegantie van de egel

Muriel Barbery

MURIEL BARBERY

FRANSE SCHRIJVER

- **Geboren in Casablanca (Marokko) in 1969.**
- **Opmerkelijke werken:**
  - *Gourmet Rhapsody* (2009), roman
  - *Het leven van Elfen* (2016), roman

Muriel Barbery, geboren in 1969, is een Franse romanschrijfster. Na haar afstuderen aan de prestigieuze *École Normale Supérieure de lettres et sciences humaines* en het succesvol afleggen van een *agrégation* (een zeer selectief vergelijkend examen voor leraren) in de filosofie, gaf zij eerst les op een middelbare school in Caen voordat zij ging werken aan het *Saint Lô Institut universitaire de formation des maitres*, een lerarenopleiding.

In 2000 schreef ze haar eerste roman, *Gourmet Rhapsody*, dat een van de meest succesvolle boeken van dat najaar was en in 12 talen is vertaald. In 2006 verscheen haar volgende roman, *De elegantie van de egel*, een bestseller in alle opzichten. Barbery wenst uit de schijnwerpers te blijven en leidt haar leven ver van de mediadruk. Ze is gefascineerd door Japan en woonde enige tijd in Kyoto voordat ze zich weer vestigde in Touraine, Frankrijk.

DE ELEGANTIE VAN DE EGEL

EEN ECHTE BESTSELLER

- **Genre:** roman
- **Referentie-uitgave:** Barbery, M. (2013) *De elegantie van de egel*. Trans. Anderson, A. Londen: Gallic Books.
- **1e druk:** 2008 (Oorspronkelijk werk gepubliceerd in Frankrijk 2006)
- **Thema's:** bourgeoisie, verschijningen, vriendschap, dood, leven, literatuur, kunst, filosofie,

De elegantie van de egel is de tweede roman van Muriel Barbery, gepubliceerd in 2006. Centraal staat het leven van Renée Michel en Paloma Josse, en hoe hun wegen elkaar kruisen. Renée is de conciërge van een residentie in Parijs. Ze is 54 jaar oud, extreem gecultiveerd en gezegend met een intelligentie waar de rijke bourgeoisie van het gebouw geen idee van heeft. Paloma Josse, een begaafde 12-jarige, is de dochter van de bewoners van de 5e verdieping van het gebouw. Ze verwerpt de wereld van de volwassenen, omdat ze vindt dat die vol schijn zit, en besluit daarom zelfmoord te plegen en het appartement van haar ouders in brand te steken op de dag van haar 13e verjaardag. Alles verandert echter wanneer Kakuro Ozu op de 4e verdieping wonen.

De roman werd in meer dan 30 talen vertaald, vele prijzen en bleef enkele maanden bovenaan de bestsellerlijst staan.

SAMENVATTING

Het verhaal van *De elegantie van de egel* begint met de introductie van de twee hoofdpersonen. Renée Michel en Paloma Josse vertellen de lezer via de pagina's van hun persoonlijke dagboeken het verhaal van 7, Rue de Grenelle en geven beurtelings hun gedachten en indrukken weer.

NIET DE GEMIDDELDE CONCIËRGE

Renée Michel is 54 jaar oud en is de conciërge van een residentie waar acht "rijke" families wonen. Hoewel ze niet de kans heeft gehad om haar opleiding voort te zetten toen ze jonger was, is Renée uiterst gecultiveerd. Ze dwingt zichzelf echter om zich te gedragen als de stereotype conciërge die haar werkgevers verwachten: onbeduidend, dom en lelijk. Maar als ze thuis veilig is voor nieuwsgierige blikken, stort ze zich vol overgave op literatuur, filosofie, muziek, film en alle andere vormen van kunst.

Renée vertelt over haar jeugd, haar nederige afkomst en haar aankomst in het gebouw. Ze beschrijft de mensen om haar heen, te beginnen met haar vriendin Manuela, een Portugese schoonmaakster die haar twee keer per week komt bezoeken. Als ze samen alleen zijn, in alle rust, bespreken ze verschillende onderwerpen onder het genot van thee en gebak, dat Manuela met liefde heeft gebakken. De conciërge schetst ook een zeer sarcastisch beeld van haar werkgevers. In feite heeft ze niets dan minachting voor hen die, ondanks dat ze tot de middenklasse behoren en dus zogenaamd beschaafd zijn, in werkelijkheid uiterst dom zijn.

Een groot deel van het tijdschrift is gewijd aan commentaren op de verschillende boeken die Renée heeft gelezen. Karl Marx (Duits revolutionair socialist, 1818-1883), Edmund Husserl (Duits filosoof en logicus, 1859-1938), René Descartes (Frans filosoof, wis- en natuurkundige, 1596-1650) en Leo Tolstoj (Russisch schrijver, 1828-1910) zijn slechts enkele van haar favoriete auteurs, wiens werken en gedachten zij met veel humor samenvat.

EEN MEISJE DAT WALGT VAN HET LEVEN

De 12-jarige Paloma Josse is een begaafd, "uitzonderlijk intelligent" meisje. Zeer teleurgesteld door de schijnbare absurditeit van het leven, zoals die blijkt uit haar familie, haar schoolgenoten en haar leraren, is ze van plan het appartement van haar ouders af te branden en zelfmoord te plegen op de dag van haar [13e] verjaardag, om een einde te maken aan alle onzin van het leven. Voordat het zover is, is ze van mening dat "het feit dat je plannen hebt gemaakt om te sterven, niet betekent dat je moet vegeteren als een rottend stuk kool" en daarom besluit ze zich volledig te wijden aan het schrijven van een dubbel dagboek: het eerste, "Diepzinnige gedachten", is een verzameling van alle interessante ideeën die in haar opkomen, terwijl het tweede, "Dagboek van de beweging van de wereld", zich richt op het lichaam en de dingen.

Nadat ze zichzelf heeft voorgesteld, schetst ze de lezer een zeer kritisch beeld van familie en vrienden. Ze ziet haar familie als volledig verstoken van emoties en belangstelling. Haar moeder, een belezen vrouw, probeert wanhopig de zinloosheid van het leven te vergeten door middel van antidepressiva en de obsessieve die ze aan haar groene planten besteedt. Haar zus Colombe is, ondanks haar briljante resultaten aan de universiteit, een imbeciel, volkomen ongevoelig, pietluttig en luidruchtig. Haar vader is parlementslid, maar volgens haar doet hij alleen maar alsof hij volwassen is om zijn wanhoop te verbergen. Paloma grijpt elke kans die ze krijgt om te rebelleren tegen de domheid van volwassenen. De scène van de gezinsmaaltijd is een goed voorbeeld: ze bedenkt zich geen moment om de schokkende fouten die de gast van haar ouders maakt wanneer hij het over het spel Go heeft, aan de kaak te stellen. Hoewel ze zich weet in te houden bij verschillende van de fouten die ze opmerkt (Go is niet uitgevonden door de Japanners maar door de Chinezen, en het is geheel niet te vergelijken met schaken), ontploft ze uiteindelijk na een foutieve opmerking over het spelersklassement en weigert ze terug te krabbelen.

In de loop van haar schrijven vertelt Paloma de lezer ook over haar passies: ze is gefascineerd door manga en alles wat met Japan in het algemeen te maken heeft, en ze vindt ook de Franse taal en grammatica onvergelijkbaar mooi.

ONWAARSCHIJNLIJKE VRIENDEN

Na het overlijden van de heer Arthens, die op de 4e verdieping woonde, besluit zijn familie hun appartement te verkopen. Kort daarna trekt een nieuwe buurman in die zich met allerlei projecten begint te houden, wat de nieuwsgierigheid van alle andere bewoners van het gebouw wekt. Meneer Kakuro Ozu is een zeer vriendelijke Japanse gepensioneerde. Tot Renée's complete verrassing is zij degene in wie hij het meest geïnteresseerd is: hij doorziet haar uiterlijke verschijning als concierge tot de charmante, verfijnde en goed opgeleide vrouw die ze van binnen is. Renée vreest na een van hun ontmoetingen ontdekt te worden, wanneer Kakuro haar afmaakt met een verwijzing naar de eerste zin van Leo Tolstoj's *Anna Karenina* ("Alle gelukkige gezinnen zijn gelijk; elk ongelukkig gezin is ongelukkig op zijn eigen manier"). Enige tijd later geeft hij haar een prachtige uitgave van het boek met een prachtige band, waarmee hij laat zien dat hij haar echte identiteit heeft ontdekt. Renée wordt bang en begrijpt niet wat hij in haar ziet. Aangemoedigd door haar vriendin Manuela gaat ze echter in op zijn uitnodiging om elkaar te ontmoeten en ze hebben een heerlijke tijd samen.

Ondertussen waardeert Paloma ook het gezelschap van M. Ozu zeer en ze heeft veel interessante discussies met hem. Ze is ook blij te ontdekken dat sommige mensen verder proberen te kijken dan de schijn. Zijn ontmoeting heeft een positieve invloed op haar kijk op het leven. Zo dwingt Yoko, de achternicht van Kakuro, haar om haar eerdere oordelen te herzien: er zijn mensen van wie het lot niet van tevoren vastligt en die geen zin hebben. In haar "Journal of the Movement of the World" gaat ze zelfs zover dat ze twijfelt aan haar zelfmoordplan, omdat haar nieuwe vriendschappen haar echte hoop voor haar toekomst hebben gegeven.

Na de tweede ontmoeting tussen Kakuro en Renée gebeurt er een vreselijk ongeluk. Wanneer ze boodschappen gaat doen, wordt Renée aangereden door een bestelwagen van een stomerij en is ze op slag dood. Op dat moment krijgt de lezer een kijkje in het hoofd van de conciërge, die voor een laatste keer denkt aan alle mensen van wie ze houdt. Kakuro en Paloma zijn kapot van verdriet. Na deze tragedie is Paloma vastbesloten de avonturen in het leven niet op te geven:

> *"Mijn hart en mijn maag in de knoop, zeg ik uiteindelijk tegen mezelf dat misschien het leven is: veel wanhoop maar ook een paar vluchtige momenten van schoonheid, waarin de tijd verandert. "*

Vanaf dat moment besluit ze te zoeken naar alle vluchtige momenten van schoonheid die ze kan vinden.

KARAKTERSTUDIE

RENÉE MICHEL

Renée Michel is 54 jaar oud en is een arme boerendochter. Ze is klein, lelijk en dik. Lisette, haar enige zus, is jong gestorven. René is al 27 jaar conciërge van een *particulier hotel*. Vroeger deelde ze haar baan met haar man Lucien, maar die 15 jaar geleden overleden. Ze woont in de conciërgewoning van het gebouw met haar kat Leo, genoemd naar de schrijver Leo Tolstoj.

Ze voldoet niet aan het beeld dat rijke mensen hebben van een typische conciërge. Ze houdt van de film *Death in Venice* van Luchino Visconti (Italiaans regisseur, 1906-1976), Russische literatuur, Nederlandse schilderijen en Japanse beschaving. Ze is ook geïnteresseerd in fenomenologie (een filosofische stroming die draait om verschijnselen en hoe ze verschijnen). Maar om te voorkomen dat ze een etiket opgeplakt krijgt dat ze niet wil, besluit ze de mensen te laten geloven dat ze een gewone conciërge is: een onbeschaafde, slechtgehumeurde vrouw. Daartoe gebruikt ze haar verstand om de aandacht te vermijden en zet ze haar intellectuele projecten alleen voort als ze veilig is voor de ogen van anderen.

Kakuro Ozu beseft al snel dat ze bijzonder is. De twee hebben gemeenschappelijke interesses. Ze ontmoet ook Paloma Josse, een andere persoon met wie ze haar gedachten kan delen zonder haar intelligentie te hoeven verbergen. Paloma en Kakuro ontrafelen al snel Renée's mysterieuze identiteit, waarover het meisje spreekt in haar "Profound Thoughts":

> *"Madame Michel heeft de elegantie van de egel: aan de buitenkant is ze bedekt met veren, een echt fort, maar mijn gevoel zegt dat ze van binnen dezelfde eenvoudige verfijning heeft als de egel: een bedrieglijk indolent schepsel, fel solitair – en vreselijk elegant."*

PALOMA JOSSE

Paloma Josse is een 12-jarig meisje. Ze draagt een roze bril en heeft grote lichte ogen. Ze is een hoogbegaafd kind en de jongste dochter van de Josses, een rijke familie uit de middenklasse die in het gebouw van Renée woont. Ze haat haar familie en de mensen die met hen omgaan, die ze irritant zelfingenomen en intellectueel pretentieus vindt. Ze zit opgesloten met haar vader, een parlementslid, haar moeder, die gepromoveerd is in de literatuur, haar oudere zus, die filosofie studeert en twee katten die Parliament en Constitution heten. Daarom besluit ze op haar volgende verjaardag zelfmoord te plegen en het appartement van haar ouders in brand te steken om niet te eindigen zoals zij, als "goudvissen in een kom". Voordat ze sterft, stelt ze zichzelf tot taak zoveel mogelijk diepzinnige gedachten op te schrijven in de vorm van kleine Japanse gedichtjes. Ze besluit ook een "Dagboek van de beweging van de wereld" bij te houden, dat niet over de geest gaat over de beweging van mensen, lichamen en dingen.

Marguerite, een jong meisje dat altijd klaarstaat met een scherp antwoord, is een van haar weinige vrienden. Na een ontmoeting met Kakuro Ozu en Renée Michel wil Paloma niet langer dood.

KAKURO OZU

Kakuro Ozo is een rijke Japanse gepensioneerde. Zijn vader was diplomaat en zijn moeder stierf kort na zijn geboorte. Zijn secretaris is een jonge Aziatische man genaamd Paul N'Guyen. Hij heeft twee katten, de ene heet Levin en de andere Kitty, als verwijzing naar de helden van de roman *Anna Karenina*.

Begaafd met het vermogen om mensen te zien voor wie ze werkelijk zijn, doorziet hij snel de façade die Renée voor zichzelf heeft gecreëerd. Dit pakt voor beiden goed uit, want hierdoor kunnen ze vrienden worden. Hij raakt snel bevriend met Paloma, gezien zijn Japanse afkomst en zijn intelligentie.

MANUELA LOPES

Manuela Lopes is Renée's enige vriendin. Zij is de schoonmaakster van de Arthens, de de Broglies en de Pallières. Geboren in een Portugees gezin van 14 kinderen, trouwde ze met een expat bouwvakker in Frankrijk en kreeg met hem vier kinderen. Ze droomt ervan terug te keren naar haar vaderland en wordt door Renée gezien als het toonbeeld van verfijning. Ze is een getalenteerde kok en schuift vaak aan bij de conciërge voor thee en gebak, dat ze zelf bakt.

DE "RIJKE MENSEN" VAN HET GEBOUW

Er wonen acht families in het gebouw van Renée: de Broglies, de Meurisses, de Rosens, de Saint-Nices, de Badoises, de Arthens, de Josses en de Pallières. Het gebouw bevindt zich op nummer 7, Rue de Grenelle, in een welvarende, mondaine wijk van Parijs.

- De de Broglies wonen op de **1e verdieping**. Mevrouw de Broglie is de enige die zich bekommert om de dood van Renée's man Lucien. Haar man is een staatsraadslid.

- De familie Meurisse – Anne-Hélène en haar windhond Athena – en juffrouw Jacinthe Rosen wonen op **de 2e verdieping**.

- Op de **derde verdieping** wonen twee gezinnen: Olympe Saint-Nice, die ervan droomt dierenarts te worden, en haar vader, een diplomaat, aan de ene kant, en Diane Badoise, de dochter van een advocaat, en haar ginger cocker spaniel Neptune aan de andere kant.

- Voedselcriticus Pierre Arthens woont op de **4e verdieping** met zijn vrouw Anna en hun kinderen Clémence, Jean (die een chaotisch leven leidt) en Laura. Ze hebben ook een kleindochter die Lotte heet. Ze hebben verschillende werknemers: Bernard Grelier, een klusjesman; Violette Grelier, de huishoudster; Manuela, de schoonmaakster; en een occasionele butler. Na de dood van Pierre Arthens verhuist de familie en komt het appartement vrij voor Kakuro Ozo.

- De familie Josse woont op de **5e verdieping**. De familie bestaat uit: Paloma; haar oudere zus Colombe, die ze niet kan uitstaan; haar moeder Solange, die chronisch depressief is; en haar vader Paul, lid van het Franse parlement. Haar ouders doen veel moeite om ruimdenkend te lijken.

- De familie Pallières woont op de **6e verdieping**, en bestaat uit Sabine en haar zoon Antoine, die met veel plezier aan Renée meedeelt dat Karl Marx zijn kijk op de wereld veranderd.

ANALYSE

EEN SOCIALE SATIRE

In *De elegantie van de egel* worden sommige bewoners scherp bekritiseerd. Via hun verhalen beschrijven Renée en Paloma de gebreken van de bewoners met brute eerlijkheid. Hun doelwitten komen allemaal uit de hogere klassen van de samenleving. Dit is vooral zichtbaar in hun namen, waarvan sommige een aristocratische klank hebben (zoals de Broglie), en in hun banen (er is een advocaat, een diplomaat, een voedselcriticus en zelfs een parlementslid), terwijl anderen soms alleen opvallen door het aantal werknemers dat ze hebben.

Hoewel een specifieke sociale klasse, de bourgeoisie, wordt gesatiriseerd, is de kritiek gericht op hun aanmatigende overtuiging dat cultuur hun recht is, in plaats van toe te laten dat het hun manier van denken verandert. Het zou onjuist zijn te denken dat deze kritiek gericht is tegen alle beschaafde mensen, want als dat het geval was, zouden de keuze van twee geleerde hoofdpersonen en de talrijke literaire, artistieke en filmreferenties geen zin hebben. Integendeel, Barbery verdedigt het idee dat degenen die niet bevoorrecht genoeg zijn om hun opleiding voort te zetten, over het algemeen net zo gevoelig zijn voor kunst en cultuur als degenen die wel zijn. Ook de diversiteit van de lezers van *De elegantie van de egel* versterkt de overtuiging van de auteur dat kennis voor iedereen beschikbaar moet zijn.

EEN BOEK MET TWEE STEMMEN

De lezer ziet het verhaal door de ogen van twee vertellers: Renée en Paloma. Elk van hen komt om beurten aan het woord. De hoofdstukken die Renée vertelt, worden afgewisseld met de gedachten van Paloma in de hoofdstukken "Dagboek van de beweging van de wereld" en "Diepe gedachten".

Deze narratieve keuze fragmenteert de lineariteit van de tekst en maakt hem polyfoon (d.w.z. dat hij verschillende vertelstemmen heeft). In feite heeft elke stem zijn eigen specifieke typografie en verschillende stijlen, waardoor de lezer de werkelijkheid op twee verschillende manieren kan zien: de ene vanuit de ogen van een oude vrouw en de andere vanuit die van een tiener. Door deze vertelwijze kan de lezer de belangrijkste gebeurtenissen in het verhaal ook twee keer vanuit twee verschillende gezichtspunten beleven, zoals het moment waarop de twee personages ontmoeten of de dood van Renée.

Door in het hele verhaal de stem van een boerendochter te verweven met die van een meisje uit de middenklasse, brengt de auteur vorm en inhoud samen. Cultuur, toegankelijk voor iedereen, wordt een medium voor ontmoetingen en vriendschappen, ongeacht de sociale klasse van de betrokkenen.

LEVEN, DOOD EN KUNST

De Elegantie van de Egel snijdt veel verschillende filosofische thema's aan. Aangezien de drie hoofdpersonen (Renée, Paloma en Ozu) zeer gevoelig zijn, delen zij als vanzelf hun diepgaande gedachten over kunst, dood en de zin van het leven met de lezer:

- De lezer maakt onmiddellijk kennis met het thema van de zin van het leven dankzij Paloma, die, geconfronteerd met een pessimistische visie op de volwassenheid, geen reden van bestaan kan vinden en zelfs overweegt zelfmoord te plegen. Het thema van de dood wordt door Renée ook uitvoerig uitgediept in het laatste hoofdstuk "Mijn Camelia's". De lezer is rechtstreeks getuige van de dood van de oude vrouw en vooral van haar overwegingen over de dood zelf. De conciërge beseft dat wat haar het meest beangstigt niet haar eigen dood is, maar het feit dat ze de mensen van wie ze houdt nooit meer zal zien. De plotselinge dood van Renée zet ook Paloma aan tot nadenken over sterfelijkheid, waarmee het boek eindigt. De dood wordt dan een bron van leven, omdat het ongeluk van Renée Paloma doet beseffen dat het "nooit" betekent en dat je moet leven voor momenten van schoonheid in het leven: "Maak je geen zorgen, Renée. Ik zal geen zelfmoord plegen en ik zal niets verbranden. Want vanaf nu, voor jou, zal ik zoeken naar die altijd binnen nooit. Schoonheid, in deze wereld."

- Kunst is ook een zeer prominent thema in de roman. Elk van de hoofdpersonen is gepassioneerd door een of andere vorm van kunst: film, literatuur, schilderijen of zelfs manga. Ze zien in elk van deze dingen een bepaalde vorm van schoonheid, maar ook een manier van leven met de futiliteit van een bestaan dat gedoemd is te eindigen.

De aanwezigheid van filosofische thema's in de tekst maakt hem niet pretentieus. Integendeel, de roman steekt de draak met de snobistische verklaring van de zoon van de Pallières dat "Marx mijn kijk op de wereld volledig heeft veranderd" en geeft de voorkeur aan de redenering van de conciërge. Filosofie, verre van op zichzelf te speculeren, wordt gebruikt om de grootse gedachten en de wereld van de emotie te verenigen. Alle filosofische vragen, of ze nu door Renée of Paloma worden gesteld, komen eigenlijk voort uit een probleem dat ze in het dagelijks leven tegenkwamen, problemen die iedereen zou kunnen tegenkomen. Waarom vinden we een kunstwerk mooi? Wat voor volwassene willen we zijn? Houden we het liever bij uiterlijkheden of leren we iemand dieper kennen? En zo verder.

EEN VIERING VAN DE FRANSE TAAL

Paloma en Renée delen een echt enthousiasme voor de schoonheid van taal: hun relatie met lezen en uitdrukken is een fundamenteel onderdeel van de roman. De lezer ziet hun verliefdheid op taal op twee verschillende niveaus: in het verhaal dat ze vertellen en in de schrijfstijl die ze hanteren.

Voor Paloma is grammatica van fundamenteel belang, omdat het in haar ogen een doel op zich is. Naast de scène waarin Sabine Pallières in haar brief een syntactische fout begaat, waarover Renée volkomen verontwaardigd is, is de nauwgezetheid van de conciërge ten aanzien van het taalwerk meermaals te zien. Zo geeft zij de woorden van de heer Arthens met de grootste ergernis door, omdat hij niet alleen geen beleefdheid toont, maar ook de capaciteiten van Renée onderschat:

> *"Ter herinnering aan zijn vraag: "Zou je het onmiddellijk naar mij willen brengen?" (Het pakket werd per koerier verzonden – de pakketten van rijke mensen reizen niet via de gebruikelijke postroutes).*
>
> *"Ja," antwoord ik, alle records van beknoptheid voorbijgaand, aangemoedigd door zijn eigen beknoptheid en door het ontbreken van een "alstublieft", wat het gebruik van de voorwaardelijke vraag volgens mij niet helemaal heeft goedgemaakt.*
>
> *'Het is erg kwetsbaar,' voegt hij eraan toe, 'wees voorzichtig, ik smeek je.'*
>
> *Het gebruik van de gebiedende wijs en het "ik smeek u" valt bij mij niet in goede aarde, temeer daar hij meent dat ik niet in staat ben tot dergelijke syntactische subtiliteiten, en ze slechts gebruikt uit neiging, zonder de minste beleefdheid om te veronderstellen dat ik me beledigd zou kunnen voelen."*

Beide vertellers hebben ook een zeer verfijnde zinswending. Paloma's schrijfstijl is kinderlijk, maar ook zeer verfijnd voor iemand van haar leeftijd. Renée is meer ervaren en bedreven met haar woorden en kiest soms zelfs voor nogal gewaagde constructies. Dit is bijvoorbeeld te zien wanneer ze Kakuro's cadeau ontvangt en een reeks mogelijke manieren bedenkt om hem te bedanken:

> *"Een simpel ik ben bang dat ik het niet begrijp, ondertekend, de conciërge, zou de juiste betekenis hebben overgebracht. Of zelfs: U heeft een fout gemaakt, ik stuur uw pakket terug. Geen gedoe, kort en bondig: Afgeleverd op het verkeerde adres. Slim en definitief: Ik kan niet lezen. Nog sluwer: mijn kat kan niet lezen. Subtiel: Bedankt, maar kerstpakketten worden in januari gegeven. Of zelfs, administratief: Bevestig ontvangst."*

Renée en Paloma zijn ook zorgvuldig in hun woordkeuze en in de helderheid van hun schrijven als geheel.

FAMILIE, VRIENDSCHAP EN LIEFDE

Het relaties van twee heldinnen met hun vrienden en familie zijn heel bijzonder. Ze leven in totaal verschillende omstandigheden, en toch lijken ze erg op elkaar wat betreft hun omgang met anderen en hun gevoel van eenzaamheid.

Familie en verschil

Renée zegt dat ze zich van meet af aan onbeduidend heeft gevoeld. Als kind werd ze volledig verwaarloosd door haar familie, en ze was getekend door het feit dat niemand thuis ooit tegen haar sprak of zelfs maar naar haar gromde om haar aandacht te krijgen.

> "Er werd weinig gepraat in mijn familie. De kinderen krijsten en de volwassenen deden hun werk zoals ze alleen zouden zijn geweest. We aten ons vol, enigszins sober, we werden niet mishandeld en onze pauperlompen waren schoon en stevig hersteld […] Maar we spraken niet."

Haar familie moedigde haar niet aan om te lezen, en Renée verliet al heel jong de school om te gaan werken: sindsdien vindt ze het ondenkbaar dat het anders zou zijn, gezien haar situatie en haar lot. Daarom draagt ze graag haar vermomming van eenvoudige, oninteressante vrouw. Ze stelde zich ook voor dat ze haar leven alleen zou doorbrengen, totdat ze Lucien ontmoette.

In tegenstelling tot Renée komt Paloma uit een tamelijk rijk gezin: haar ouders zijn naar de universiteit gegaan en hebben belangrijke banen, en haar zus lijkt vastbesloten om in hun voetsporen te treden. Paloma ziet echter duidelijk het lege leven van de mensen om haar heen. Dit maakt haar nogal depressief, en ze weigert te eindigen zoals zij. Hun daden en discussies, hoezeer ze ook doordrenkt zijn van cultuur, zijn niettemin bedroevend hol.

Ongeacht hun sociale achtergrond voelen de twee personages zich niet thuis bij hun familie. Renée kiest ervoor zich daarbij neer te leggen en doet niets om anderen ervan te overtuigen dat zij allesbehalve een oninteressante, zelfs nukkige vrouw is. Voor Paloma is haar tragische plan de enige uitweg uit haar onvermogen om zich aan te passen, totdat de ontmoeting met Renée en Kakuro haar plannen doet veranderen.

Kostbare vriendschappen

Ondanks haar isolement van de rest van het gebouw heeft Renée een zeer oprechte vriendschap met Manuela. Tijdens hun kleine gastronomische ontmoetingen praten ze en nemen ze elkaar in vertrouwen zonder de minste valsheid. Hun verbondenheid, ongetwijfeld mogelijk gemaakt door hun vergelijkbare situatie in de sociale hiërarchie, stelt hen in staat hun gedeelde indrukken te uiten over de rijke mensen met wie ze dagelijks omgaan. Bovendien moedigt Manuela Renée sterk aan om Kakuro weer te zien en zich te laten zien, omdat ze weet dat haar vriendin een ernstig gebrek aan zelfvertrouwen heeft.

Paloma heeft ook niet veel vrienden, vooral omdat ze intelligenter is dan andere kinderen van haar leeftijd. Ze doet graag gewone leerlingen na, zonder er echt bij te horen. Wel brengt ze graag tijd door met haar beste vriendin Marguerite.

Naarmate het verhaal vordert, raakt ze bevriend met de conciërge en Kakuro. In haar ogen zien zij verder dan hun overtuigingen en leren zij van anderen, in tegenstelling tot de meeste mensen die zich tevreden stellen met het projecteren van hun eigen leven op anderen. Deze twee ontroerende ontmoetingen geven haar weer veel hoop in het leven.

Liefde

Renée ontmoette Lucien op 17-jarige leeftijd. Hij was een goede man, en Renée was verbaasd dat iemand ooit met haar zou willen trouwen, omdat ze zichzelf lelijk en gewoon vond. Ze hadden een vredig, aangenaam leven samen, en Renée voelde zich voor het eerst in haar leven geliefd.

De komst van Kakuro in Renée's leven is een andere grote verandering voor haar: hij laat haar denken dat het voor haar gemakkelijk zou zijn om uit de schulp te komen die ze voor zichzelf heeft gekweekt. Wat maakt het uit dat zij slechts een conciërge is en hij uit de hogere klassen?

Ondanks haar jonge leeftijd geeft Paloma ook haar standpunt over de liefde weer. Zij ziet het als iets heiligs, dat wordt bezoedeld door tieners van haar leeftijd die geobsedeerd zijn door seksuele relaties. Ze snijdt dit onderwerp aan met haar beste vriendin, en de twee zijn het erover eens dat "liefde geen middel moet zijn, maar een doel."

Een losse bewerking van *The Hedgehog*

In 2008 besloot Mona Achache (Frans regisseur en scenarist, geboren in 1981) de roman van Barbery te verfilmen als haar eerste speelfilm. De film heette simpelweg *The Hedgehog* en kwam in juli 2009 in de bioscoop. De cast bestond uit Josiane Balasko, Garance Le Guillermic en Togo Igawa. De filmmaker liet zich losjes inspireren door het boek: er zijn een aantal wijzigingen in het oorspronkelijke verhaal, hele scènes verdwijnen en nieuwe elementen worden geïntroduceerd.

In de film is Paloma 11 jaar oud, en ze is van plan zelfmoord te plegen op haar [12e] verjaardag. Ook houdt ze op de muren van haar kamer bij hoeveel dagen ze nog te leven heeft. Haar dagboeken worden vervangen door een camcorder waarmee ze haar familie en vrienden filmt en becommentarieert, soms zonder dat ze het weten, soms tegen hun wil, met de bedoeling "te laten zien waarom het leven absurd is". De 'vissenkom'-metafoor duikt ook op in de vorm van de goudvis van de familie, die Paloma zonder nadenken besluit te doden. Na de dood van Renée komt hij echter op wonderbaarlijke wijze weer tot leven, terwijl het jonge meisje zich bewust begint te worden van de waarde van het leven en van de pijn bij het verlies van een geliefde. Paloma besluit haar leven ten volle te leven en op zoek te gaan naar schoonheid in de wereld.

VERDERE REFLECTIE

ENKELE VRAGEN OM OVER NA TE DENKEN...

- *De Elegantie van de Egel* is een roman die door een zeer gevarieerd publiek is gelezen en gewaardeerd. Hoe kunt u dit verklaren?

- Waarom kunnen we zeggen dat de mensen in het gebouw een soort sociale voorstelling opvoeren?

- Hecht de verfilming volgens u evenveel belang aan schoonheid en kunst als de roman?

- Hoe slaagt dit boek erin een potentieel pretentieus thema als filosofie te bespreken zonder zelf pretentieus te worden?

- Wat is de rol van Kakuro Ozu in het verhaal?

- Schijn en werkelijkheid zijn twee zeer belangrijke thema's in deze roman. Zoek enkele andere voorbeelden in de literatuur die beide onderwerpen tegelijk behandelen.

- Barbery hekelt het gedrag van een bepaalde sociale klasse. Wat voor gedrag? Wat doet ze om het te bestrijden?

- "Mensen streven naar de sterren, en ze eindigen als goudvissen in een kom. " Commentaar op dit citaat.

- Op welke manier kunnen we zeggen dat zowel Renée als Paloma tijdens het verhaal een innerlijke transformatie doormaken?

- Wat maakt de twee heldinnen op basis van hun manier van kijken vergelijkbaar met elkaar en wat maakt ze verschillend?

VERDER LEZEN

REFERENTIE-UITGAVE

Barbery, M. (2013) *De elegantie van de egel*. Trans. Anderson, A. Londen: Gallic Books.

REFERENTIESTUDIE

Groskop, V. (2008) Recensie: De elegantie van de egel door Muriel Barbery. *The Guardian*. [Online]. [Accessed 10 March 2017]. Beschikbaar via: <https://www.theguardian.com/books/2008/sep/14/fiction3>

AANPASSING

The Hedgehog. (2009) [film]. Mona Achache, dir. Frankrijk: Films des Tournelles.

*We horen graag van jou! Laat
een reactie achter op jouw online bibliotheek
en deel je favoriete boeken op social media!*

De uitgever garandeert de betrouwbaarheid van de gepubliceerde informatie, die echter niet onder zijn verantwoordelijkheid valt.

www.50minutes.com

Master ISBN: 9782808687676
Papier ISBN: 9782808699075
Wettelijk depot: D/2023/12603/1187

Omslag: © Primento

Digitaal ontwerp: Primento, de digitale partner van uitgevers.